Margot Forlin

Weihnachtskarten

CHRISTOPHORUS
BRUNNEN-REIHE

Inhalt

- **3** Grüße zum Weihnachtsfest
- **4** Material & Technik

....

- **6** Weihnachtssterne
- **8** Rotkehlchen & Äpfel
- **10** Sternenhimmel
- **12** Zarte Blätter
- **14** Fröhliche Weihnachten
- **16** Kerzenglanz
- **18** Faltsterne
- **20** Himmlische Grüße
- **22** Stille Nacht
- **24** Sternennacht
- **26** Bunte Weihnachtsgrüße
- **28** Kinderweihnacht
- **30** Prosit Neujahr

Grüße zum Weihnachtsfest

Es ist ein schöner Brauch, in der Adventszeit weihnachtliche Grüße und gute Wünsche zum neuen Jahr an Verwandte, Freunde und Bekannte zu verschicken. Schon mit wenigen Worten kann man sagen: Schön, dass es dich gibt – ich denke an dich! Selbst gestaltete Weihnachtskarten sind etwas ganz Besonderes, was die Empfänger bestimmt zu schätzen wissen.

Sie finden in diesem Buch eine große Auswahl an verschiedenen Motiven, Techniken und Materialien. Die Karten sind ohne großen Aufwand leicht nachzuarbeiten. Natürlich können Sie die gezeigten Modelle nach Ihrem Geschmack abwandeln – Ihrer Fantasie sind da keine Grenzen gesetzt!

Ich wünsche Ihnen gutes Gelingen beim Gestalten der Karten und ein frohes Weihnachtsfest!

Ihre

Margot Forlin

Material & Technik

Die Karten

Die in diesem Buch gezeigten Karten sind Doppelkarten oder Passepartout-Karten in unterschiedlichen Größen. Die genaue Größe für jedes Modell finden Sie in den einzelnen Anleitungen. Die Karten erhalten Sie in verschiedenen Farben im Schreibwaren- oder Hobbyfachhandel, oft auch als Set mit passendem Einlegeblatt und Briefumschlag. Sie können die Karten aber auch selbst anfertigen. Dazu aus dem gewünschten Papier ein Rechteck ausschneiden und mit Hilfe von Lineal und Schere in der Mitte falzen und umknicken. Zum Beschriften der Karten siehe Seite 32.

Material & Hilfsmittel

Für die Gestaltung der Karten können Sie Tonkarton, Tonpapier, Büttenpapier, handgeschöpftes Papier, Strohseide, Wellpappe, Geschenkpapier, Metallfolie, Servietten, alte Kalenderbilder und Kunstkarten verwenden. Als Deko-Material eignen sich Metall- und Holz-Streuteile, winzige Glaskügelchen, Deko- und Schleifenbänder, Gold- und Silberkordeln und verschiedene Sterne. Besonders effektvoll sehen Verzierungen mit Fun Liner Glitter in Silber oder Gold aus. Motive, die mit einem Fun Liner Magic bemalt sind, können Sie mit einem Föhn aufplustern. Hilfsmittel wie Lineal, Bleistift, Falzbein, Schere, Cutter, Schneideunterlage, Motiv- und Ecklocher, Lochzange, Prägestift und Pinsel brauchen Sie für fast alle Arbeiten.

Übertragen der Vorlagen

Das gewünschte Motiv mit Transparentpapier vom Vorlagebogen abpausen und ausschneiden. Die Transparentpapier-Form auf Tonkarton kleben und erneut ausschneiden. Diese Schablone auf das gewünschte Material legen, umzeichnen und ausschneiden. Beim Übertragen auf Metallfolie oder Wellpappe die Schablone auf der Rückseite auflegen und umzeichnen.

Befestigen von Papieren und Deko-Materialien

Zum Befestigen von sehr dünnem und saugfähigem Papier wie Servietten, Strohseide oder Naturpapier eignet sich Sprühkleber oder Serviettenkleber am besten. Für glattes Papier wie Tonpapier, Tonkarton oder Transparentpapier sind doppelseitige Klebebänder, Klebestifte oder Bastelkleber zu empfehlen. Deko-Materialien mit Kraftkleber oder Heißkleber an der gewünschten Stelle fixieren.

Gestempelte Schriftzüge

Sie benötigen einen Schrift-Stempel, ein transparentes Stempelkissen und Embossingpulver in Gold oder Silber. Den Stempel leicht auf das Stempelkissen drücken und dann auf die Karte oder das gewünschte Papier. Den feuchten Stempelabdruck großzügig mit Embossingpulver bestreuen. Pulver, das nicht haften bleibt, wieder in die Dose schütten. Mit einem Heißluftgerät, Föhn oder auf der Herdplatte die einpulverisierte Fläche einbrennen. Es entsteht eine reliefartige Oberfläche.

Servietten-Technik

1 Die Karte, die Sie gestalten möchten, sollte einen hellen Untergrund haben, da dieser durch die transparente Papierschicht scheint. Das gewählte Servietten-Motiv mit der Schere genau ausschneiden oder entlang der Konturen ausreißen. Servietten bestehen meistens aus drei Lagen. Nur die oberste, bedruckte Schicht verwenden. Mit einem Stückchen Klebeband lässt sich diese Schicht leicht abziehen.

2 Den Karten- oder Papieruntergrund nur sehr dünn mit Serviettenkleber bestreichen, da das Papier sonst wellig wird. Das Serviettenmotiv auflegen und nochmals Serviettenkleber mit weichem Pinsel von der Mitte nach außen auftragen. Das Motiv glatt streichen. Je dünner der Auftrag des Serviettenklebers ist, desto weniger Falten haben die aufgelegten Servietten. Statt Serviettenkleber können Sie auch Sprühkleber verwenden. Die Servietten können auch nebeneinander oder übereinander geklebt werden.

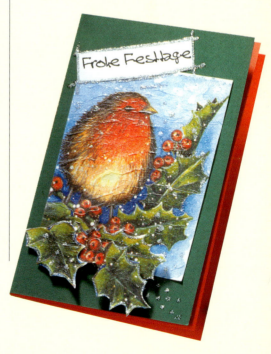

Weihnachtssterne

Material

Grau-Blaue Karte
- Tonkarton in Grau-Blau irisierend, 21 x 29,5 cm
- Serviette „Weihnachtsstern" (Ihr)
- Glaskügelchen in Grün
- Silberkordel

Rote Karte
- Wellpappe mit Wellen in Rot, 20 x 30 cm
- Büttenblatt, 11 x 17,5 cm
- Serviette „Weihnachtsstern" (Ihr)
- 3 Bambusstäbchen in Grün
- Golddraht
- Holzperlen in Rot, 3 mm Ø
- Goldperlen, 2 mm Ø
- Glaskügelchen in Silber

1 Für die grau-blaue Karte den Tonkarton in der Mitte falzen und falten. Nach der Anleitung auf Seite 5 das gerissene Servietten-Motiv auf der Karte anbringen. In der Blütenmitte etwas Lack auftupfen und Glaskügelchen darauf streuen. Nach dem Trocknen Silberkordel und mit Filzstiften gemalte Schriftzüge ergänzen.

2 Für die rote Karte das Servietten-Motiv ausreißen, nach der Anleitung auf Seite 5 auf dem Büttenpapier fixieren. Das Büttenpapier auf der Karte befestigen. Mit Glaskügelchen dekorieren und mit Goldstift die Ränder bemalen. Rote und goldene Perlen auf Golddraht ziehen und um die 3 Stäbchen wickeln. Der Abbildung entsprechend mit Kraftkleber auf der Karte befestigen.

Rotkehlchen & Äpfel
Abbildung und Materialangaben Seite 8/9

1 Für die Karte mit Äpfeln und die grüne Karte das Servietten-Motiv auf weißem Tonpapier, für die bordeauxrote Karte auf geschöpftem Papier anbringen (Anleitung Seite 5) und jeweils auf den Karten befestigen. Für die grüne Karte die Blätter-Motive in der Servietten-Technik auf Tonpapier arbeiten, ausschneiden und mit Klebe-Kissen auf der Karte platzieren. Mit Schriftzug versehen (Vorlage A) und mit Fun Liner verzieren.

2 Für die Karte mit Äpfeln den Schriftzug (Vorlage A) auf dem größeren Holzstern fixieren, mit einem Goldbändchen an dem kleineren Stern befestigen und auf der Karte platzieren. Für die bordeauxrote Karte 40 cm lange Satinbänder im Rand der Karte verknoten. An den Enden den Holz- und Kartonstern befestigen. Mit Glaskügelchen und kleinen Metallsternen dekorieren.

Rotkehlchen & Äpfel

Material

Karte mit Äpfeln
- Doppelkarte in Rot, 13,5 x 13,5 cm
- Tonpapier in Weiß, 12 x 12 cm
- Serviette „Äpfel" (Fasana)
- Holzsterne in Rot, 2 cm, 6 cm Ø
- Goldbändchen
- Computerschriftzug

Grüne Karte
- Doppelkarte in Grün, A6
- Tonpapier in Weiß, 9 x 11 cm
- Serviette „Rotkehlchen" (Fasana)
- Klebe-Kissen
- Fun Liner Glitter in Silber
- Computerschriftzug

Bordeauxrote Karte
- Naturpapier in Bordeauxrot, strukturiert, 20,5 x 29, 5 cm
- Geschöpftes Papier, 10 x 11 cm
- Serviette „Rotkehlchen" (Fasana)
- Glaskügelchen in Silber
- Metallsterne in Gold
- Holzstern in Gold, 5 cm
- Kartonstern in Gold, 7 cm
- Satinband in Beige, Grün

Vorlage A

Anleitung Seite 6

Sternenhimmel

Material

Blaue Karte
- Passepartout-Set Blau, A5
- Doppelkarte Weiß, A5
- Stern-Schablonen in verschiedenen Größen
- Spritzröhrchen
- Malfarbe auf Wasserbasis in Blau
- Windrad- und Glanzfolie in Blau
- Metallsterne in Silber
- Satinband in Weiß
- Fun Liner Glitter, Magic
- Schriftsticker „Frohe Weihnachten"

Noten & Stern
- Büttenpapier in Weiß, 17,5 x 26 cm
- Geschöpftes Papier in Weiß, 11 x 15 cm
- Transparentpapier
- Glanzkarton in Blau
- Sticker-Sterne
- Lackstifte in Blau, Silber

Viele Sterne
- Doppelkarte in Weiß, 13 x 17,5 cm
- Handgeschöpftes Papier, 11 x 11 cm
- Silberkordel
- Modelliergeflecht in Silber
- Papierreste in Blau
- Computerschriftzug
- Lackstift in Silber

Vorlagen B1 – B6, C

Sternenhimmel

1 Für die blaue Karte die weißes Doppelkarte mit Stern-Schablonen belegen und mit blauer Farbe besprühen. Nach dem Trocknen lose in die Passepartout-Karte legen. Aus Glanzfolie einen Stern und aus Windradfolie vier Sterne schneiden (Vorlagen B1, B2, B6). Blauen Stern mit Sticker versehen, restliche Sterne mit Glitter und Magic bemalen. Magic aufplustern, alle Sterne mit Band an der Passepartout-Karte befestigen. Schriftsticker ergänzen.

2 Für die Karte „Noten & Stern" das Büttenpapier falzen und falten, geschöpftes Papier aufkleben. Nach der Vorlage C Noten auf Transparentpapier kopieren und auf der Karte befestigen. Glanzkarton-Stern (Vorlage B1) ergänzen. Mit Lackstiften verzieren. Sticker-Sterne aufkleben. Für die Karte „Viele Sterne" das weiße Papier falzen und falten, geschöpftes Papier aufkleben und mit verschiedenen Sternen dekorieren. Schriftzug anbringen. Mit Lackstift in Silber verzieren.

Zarte Blätter

Material

Blaues Blatt
- Doppelkarte aus Büttenpapier in Weiß, 20 x 11 cm
- Serviette in Blau „Schrift & Blatt" (Fasana)
- Skeletonblatt Bayan:
  - 1 in Silber
  - 1 in Blau
- Strohseide
- Metallsterne in Silber
- Glaskügelchen in Silber
- Silberband, elastisch

Grünes Blatt
- Doppelkarte in Dunkelblau, A5
- Büttenpapier in Weiß, 11 x 17 cm
- Serviette in Blau „Schrift & Blatt" (Fasana)
- Skeletonblatt Bayan:
  - 1 in Beige
  - 1 in Silber
  - 2 in Grün
- Strohseide in Beige
- Glitter in Silber
- Metallsterne in Silber
- Bast in Dunkelblau, Hellblau

Blaues Blatt

1 Nach der Anleitung auf Seite 5 zuerst die zweite Serviettenschicht, Weiß mit blauer Schrift, dann die erste Schicht, Hellblau mit dunkelblauer Schrift, auf die weiße Doppelkarte kleben, in noch feuchtem Zustand das silberne Skeletonblatt darauf legen und ebenfalls mit Serviettenkleber überstreichen. Silberglitter darüber streuen.

2 Das blaue Blatt in der Servietten-Technik auf weiße Strohseide kleben, trocknen lassen und ausschneiden. Mit der Zange ein kleines Loch in das Blatt stanzen, ein 35 cm langes Silberband durchziehen, um die Karte wickeln und eine Schleife binden. Mit Metallsternen verzieren.

Grünes Blatt

1 Das Servietten-Motiv wie bei der weißen Karte auf dem Büttenpapier anbringen. Ein grünes Blatt auf die feuchte Serviette legen und mit Serviettenkleber überstreichen. Mit Silberglitter bestreuen. Das Motiv auf die Karte kleben. Bastfäden, 55 cm lang, um den Kartenrand legen und eine Schleife binden.

2 Die Blätter in der Servietten-Technik auf Strohseide arbeiten, nach dem Trocknen entlang der Konturen ausschneiden und mit der Zange jeweils ein Loch stanzen. Die Blätter an die Schleifenenden hängen. Karte und Blätter mit Metallsternen dekorieren.

Fröhliche Weihnachten

Material

Karten mit Kerzen
- Doppelkarten in:
  - Grau, Rot
    13,5 x 13,5 cm
  - Orange,
    10,5 x 20,5 cm
- Einlegeblätter in
  Blau, Bordeauxrot,
  Schwarz
- 3 Holzsterne in Rot,
  2 cm Ø
- 2 kleine Strohsterne,
  1 cm Ø
- Metall-Streuteile
  „Sterne", „Engel"
  in Silber, Gold
- Fun Liner:
  - Glitter in Silber, Gold
  - Magic in Weiß, Rot
- Modelliergewebe
  in Silber
- Goldbändchen

Karte mit Sternen
- Doppelkarte in Weiß,
  13,5 x 13,5 cm
- Goldpapier
- Einlegeblatt in Blau

Vorlagen
B3, D1, E1 – E5

Karten mit Kerzen

1 Nach den Vorlagen E1 und E2 die vorgezeichnete Form jeweils auf die Doppelkarten übertragen, mit dem Cutter einschneiden, an der markierten Linie falzen und das Motiv wenden. Karte schließen, die Vorlage E3 übertragen und mit Filzstiften nachzeichnen.

2 Mit Fun Liner Magic die Kerzen ausmalen und mit dem Föhn aufplustern. Sterne, Bänder, Modelliergewebe und Metall-Streuteile ergänzen.

Karte mit Sternen

Nach der Vorlage E4 die Form auf die Karte übertragen, mit dem Cutter einschneiden und an der markierten Linie falzen. Das Motiv wenden. Die Konturen des Sterns und den Rahmen mit Filzstiften nachzeichnen (Vorlage E5). Den kleinen Stern aus der Vorderseite mit dem Cutter ausschneiden.
Aus Goldpapier Sterne herstellen (Vorlagen B3, D1) und auf der Karte fixieren. Das Einlegeblatt mit Goldstift bemalen.

Kerzenglanz

Material

- Doppelkarten in Weiß, Weiß irisierend, A5
- Tonpapier oder -karton in Weiß, Weiß irisierend
- Transparentpapier
- Glanzkarton in Gold
- Glaskügelchen in Silber
- Metallsterne in Silber, Gold
- Sticker-Motiv „Glocken" in Silber
- Silberdraht
- Silberkordel
- Goldband
- Dekoband in Silber
- Fun Liner Glitter in Gold, Silber
- Stempel „Frohe Weihnachten"
- Stempelkissen
- Embossingpulver in Silber

Vorlagen
A, D1, D2, F1 – F4

1 Die Vorlage F1 oder F2 auf Tonkarton oder Tonpapier übertragen, ausschneiden und entlang der markierten Linien falzen und falten. Die gefalteten Kerzen auf die Karten kleben. Die Kerzen wirken sehr plastisch, wenn Sie sie mit Klebe-Kissen befestigen.

2 Für zwei Karten Transparentpapier zuschneiden und der Abbildung entsprechend hinter der Kartenvorderseite anbringen. Die Kerzen der Abbildung entsprechend mit Sternen, Glaskügelchen, Draht, Silberkordel, Sticker und Glitter dekorieren.

3 Den Anhänger aus Goldfolie mit einem Ecklocher stanzen und mit einem Schriftzug (Vorlage A) bekleben. Die anderen Karten mit schwarzem Filzstift beschriften oder nach der Anleitung auf Seite 5 stempeln, mit Embossingpulver bestreuen und einbrennen. Für kleinere Karten die Vorlagen F3 und F4 benutzen.

Tipp

Für diese Karten eignet sich auch sehr schön Papier mit Lederprägung, gehämmertes Papier oder Naturpapier.

Faltsterne

Material

Lila Karte
- Doppelkarte in Lila, 10,5 x 21 cm
- Tonkarton in Grau irisierend
- Tonpapier in Pink
- Motiv-Sticker „Sterne", „Herzen"
- Silberband, elastisch
- Fun Liner Glitter in Silber
- Ecklocher

Beige Karte
- Doppelkarte in Beige, 13,5 x 13,5
- Tonpapier in Blauviolett
- Silberdraht
- 3 Rundperlen, 8 mm Ø
- 2 Sternperlen, 14 mm Ø
- 1 Mondperle, 10 mm Ø
- Sticker „Glocken", „Sterne" in Silber

Karte in Orange
- Doppelkarte in Orange, 10,5 x 21 cm
- Zweifarbiges Tonpapier in Rot/Blau
- Tonkarton in Rot
- Transparentpapier
- Metall-Streuteile „Engel" in Gold
- 2 Metall-Violinschlüssel in Gold

Vorlagen
B3, G1 – G5

1 Für alle Karten aus Tonpapier nach den Vorlagen G1 und G2 die Faltsterne anfertigen. Die Faltsterne jeweils auf den Doppelkarten befestigen und der Abbildung entsprechend dekorieren.

2 Für den Anhänger auf der lila Karte die Ecken des Tonkartons, 7 x 8,5 cm, mit dem Locher ausstanzen, mit einem Notenblatt (Vorlage G3) bekleben und mit Filzstiften und Fun Liner verzieren. Den Anhänger mit einem elastischen Silberband an der Karte anbringen.

3 Für die beige Karte die Perlen auf Silberdraht fädeln, in den Rand der Karte legen und auf der Rückseite fixieren. Einen blauvioletten Stern (Vorlage B3) ergänzen. Für die Karte in Orange aus rotem Tonkarton einen Violinschlüssel mit dem Cutter ausschneiden (Vorlage G4).

4 Nach der Vorlage G5 Noten auf Transparentpapier kopieren. Die Motive auf der Karte fixieren. Metall-Violinschlüssel und Streuteile ergänzen. Mit Goldstift und schwarzem Filzstift verzieren.

Tipp
Es macht besonders Spaß, geheime Botschaften oder kleine Gedichte in den Faltsternen zu verstecken.

Himmlische Grüße

Material

- Passepartout-Karten:
  - 16,5 x 16,5 cm in Weiß
  - 12 x 17 cm in Weiß
- Kunstkarte mit Scherenschnitt
- Kunstkarte, z. B. „Milli Weber, Christkind mit Tannenbaum"
- Kunstkarte, z. B. „Milli Weber, Christkind auf dem Mond"
- Metallsterne in Gold, Silber
- Glaskügelchen in Silber, Blau
- Engelhaar in Gold
- Doppelseitiges Schaumstoff-Klebeband, 0,5 cm breit, 1 mm dick
- Windradfolie

Schüttelkarten

1 Die Windradfolie in der Größe des Passepartout-Ausschnittes mit 1 cm Zugabe rundum zuschneiden und auf der Innenseite der Klappkarte in den Ausschnitt kleben.

2 Doppelseitiges Klebeband am Rand der Windradfolie anbringen. Dabei darauf achten, dass die Ecken geschlossen sind.

3 Kalenderbild, Kunstkarte oder Serviettenmotiv auf das Einlegeblatt kleben.

4 Schüttelmaterial auf das Fenster schütten. Winzige Glaskügelchen verstärken den Rutscheffekt.

5 Die zweite Schutzschicht des Klebebandes abziehen. Das verzierte Einlegeblatt aufkleben und gut andrücken.

6 Karten mit Sternchen, Kügelchen, Streuteilen und Klebeschriften verzieren.

Tipp

Als Hintergrundbild sind alle weihnachtlichen Motive geeignet, zum Beispiel auch aus Geschenkpapieren, Kalenderblättern oder Servietten.

Stille Nacht

Material

- Passepartout-Karten:
  - 16,5 x 16,5 cm in Weiß
  - 11 x 15,5 cm in Rot
  - 11 x 17 cm in Blau
- Geschenkpapier mit St. Nikolaus
- Weihnachtspapier mit Engelchen
- Metall-Streuteile „Engel", „Violinschlüssel", „Mond", „St. Nikolaus", „Sterne"
- Glaskügelchen in Rot, Silber, Gold
- Posaune in Gold
- Brille in Gold
- Windradfolie
- Doppelseitiges Schaumstoff-Klebeband, 0,5 cm breit

Vorlage H

Anleitung „Schüttelkarten" Seite 20

Die Vorlage „Stille Nacht" auf weißes Papier in der passenden Größe kopieren.

Sternennacht

Material

Karte mit goldenem Stern
- Doppelkarte in Schwarz, 14 x 14 cm
- Tonkarton in Mattsilber
- Metallpapier in Gold
- Textilsterne in Gold
- Metallsterne in Gold
- Golddraht
- Stempel „Frohe Weihnachten"
- Stempelkissen
- Embossingpulver in Gold

Karte mit ausgeschnittenem Stern
- Doppelkarte in Weiß, 14 x 14 cm
- Tonpapier in Dunkelblau, 14 x 28 cm
- Tonpapierreste in Dunkelblau
- Metallsterne in Silber
- Drahtstoff in Silber
- Goldband
- Stempel „We wish you"
- Stempelkissen
- Embossingpulver in Gold

Vorlagen
J1 - J4

Karte mit goldenem Stern

1 Die schwarze Karte der Vorlage J1 entsprechend zuschneiden, den Stern aus Metallfolie ausschneiden. Den goldenen Stern aufkleben. „Frohe Weihnachten" aufstempeln (Anleitung Seite 5) oder als Klebeschrift anbringen.

2 Textilsterne mit Golddraht aneinander binden. In der linken oberen Kartenecke ein kleines Loch stanzen und den Sternendraht festknoten. Sternchen aufkleben.

Karte mit ausgeschnittenem Stern

Den Stern der Vorlage J3 entsprechend ausschneiden. Verschieden Sterne (Vorlage J4) aufkleben. Für das Einlegeblatt blaues Tonpapier falten und mit Stempeldruck „We wish you" gestalten (Anleitung Seite 5). Karte und Einlegeblatt mit Goldband zusammenbinden.

Tipp

Das Einlegeblatt können Sie auch von Hand beschriften. Oder Sie kleben ein Musiknotenblatt oder ein hübsches Papier auf.

Bunte Weihnachtsgrüße

Material

Karte mit Sprossenfenster
- Passepartout-Karte in Grün, 16,5 x 16,5 cm
- Wellpappe in Rot
- Sternchengirlande
- Holzstern in Rot, 6 cm Ø
- Holz-Streuteile, ca. 2,5 cm groß
- Computerschriftzug „Frohe Festtage"

Karte mit Schneemann
- Doppelkarte aus Wellpappe in Blau, 14,5 x 21 cm
- Tonkarton in Weiß, ca. 13 x 17 cm
- Serviette „Schneemann" (Fineline)
- Holzstern in Gold, 6 cm Ø
- Holz-Streuteile
- Metall-Streuteile „Schneekristalle"
- Zierrandschere

Vorlagen
A, K

Karte mit Sprossenfenster

1 Streifen, 1 x 16,5 cm groß, sowie das Sprossenfenster (Vorlage K) aus roter Wellpappe zuschneiden. Den Wellpappstreifen am linken Kartenrand, das Sprossenfenster hinter dem Passepartout-Ausschnitt fixieren. Einlegeblatt festkleben.

2 Streuteile und Sternchengirlande anbringen.

Karte mit Schneemann

1 Das Serviettenmotiv auf Tonkarton fixieren (Anleitung Seite 5). Nach dem Trocknen mit der Zierrandschere ausschneiden.

2 Das Motiv sowie die Holz-Streuteile und Metall-Kristalle auf der Wellpappkarte fixieren.

Kinderweihnacht

Material

Karte mit Tannenbaum
- Doppelkarte aus Wellpappe in Grün, 14,5 x 20,5 cm
- Wellpappe in Rot, 10 x 15 cm
- Wellpappe in Blau, Gelb
- Metallpapier in Silber
- Metallsterne in Gold
- Tonpapier in Gelb, Orange
- Kordeln in Rot, Grün

Karte mit Mond & Engel
- Doppelkarte aus Wellpappe in Gelb, 10,5 x 15 cm
- Wellpappe in Rot, Weiß
- Metallpapier in Gold
- Holzstern in Rot, 3,5 cm
- Kordel in Gold
- Glitzerstift in Gold

Vorlagen
D1, L1 - L5

Karte mit Tannenbaum

Tannenbaum und Sterne nach den Vorlagen ausschneiden. Tonpapier zu kleinen Päckchen falten und verschnüren. Alle Teile der Abbildung entsprechend platzieren und aufkleben.

Karte mit Mond & Engel

1 Ein Dreieck aus roter Wellpappe nach der Vorlage ausschneiden, Mond und Engel aus weißer Wellpappe beziehungsweise aus Metallpapier. Den Mond mit Glitzerstift verzieren, Wimpern mit Filzstift aufmalen.

2 Alle Teile auf der Karte fixieren. Am Kartenrand oben links ein Loch stanzen oder stechen und den Mond mit der Goldkordel anbinden.

Prosit Neujahr!

Abbildung & Materialangaben Seite 30/31

1 Für die Karte mit den Sektgläsern das dunkelblaue Papier falten. Das Serviettenmotiv auf weißem Papier fixieren (Anleitung Seite 5). Papier mit der Zackenschere ausschneiden und auf die Karte kleben. Satin- und Tüllband anknoten. Ein Sektglas ausschneiden, beschriften und auf das Tüllband kleben.

2 Für die Karte mit dem Schneemann das Serviettenmotiv auf dem geschöpftem Papier fixieren (Anleitung Seite 5). Den Papierrand und den blauen Papierstreifen mit der Zackenschere zuschneiden. Den Papierstreifen beschriften. Schlittschuhläufer, Schriftzug, Pompon, Tüllband, Stein, Perlen und Schlittschuhe anbringen. Goldkordel anknoten.

Prosit Neujahr

Material

Prosit
- Naturpapier in Dunkelblau, 28 x 20 cm
- Papier in Weiß, 13 x 17 cm
- Serviette „Sektglas" (Ihr)
- Satinband in Silber
- Tüllband in Weiß

Schneemann
- Doppelkarte in Grün, 15 x 20 cm
- Geschöpftes Papier in Weiß, 13 x 18 cm
- Serviette „Schlittschuhläufer" (Hallmark)
- Tonpapierstreifen, 2 x 14 cm
- Pompon in Weiß
- 2 Perlen in Blau
- Zierstein
- Dekor „Schlittschuhe"
- Goldkordel, elastisch, 50 cm
- Tüllband in Weiß, 25 cm

Anleitung Seite 28

Impressum

© 2001
Christophorus-Verlag GmbH
Freiburg im Breisgau
Alle Rechte vorbehalten –
Printed in Germany
ISBN 3-419-56283-7

Jede gewerbliche Nutzung der Arbeiten und Entwürfe ist nur mit Genehmigung der Urheberin und des Verlages gestattet. Bei Anwendung im Unterricht und in Kursen ist auf diesen Band hinzuweisen.

Lektorat:
Gisa Windhüfel, Freiburg

Styling und Fotos:
Andreas Gerhardt, Freiburg

Covergestaltung und Layoutentwurf:
Network!, München

Coverrealisierung:
smp, Freiburg

Produktion:
Carsten Schorn, Merzhausen

Druck:
Freiburger Graphische Betriebe

Wir sind für Sie da, wenn Sie Fragen haben.
Und wir interessieren uns für Ihre eigenen Ideen und Anregungen.
Schreiben Sie uns, wir hören gerne von Ihnen!
Ihr Christophorus-Team

Christophorus-Verlag GmbH
Hermann-Herder-Str. 4
79104 Freiburg
Tel.: 0761/ 27 17-0
Fax: 0761/ 27 17-3 52
oder e-mail:
info@christophorus-verlag.de

Profi-Tipp der Autorin

Beschriften der Karten

Besonders gut eignen sich Klebeschriften oder mit dem Computer erstellte Schriftzüge (Vorlage A). Wer eine schöne Handschrift besitzt, kann die Karten selbst beschriften, am besten mit Gold-, Silber- oder schwarzen Filzstiften. Sehr schön sehen auch gestempelte Schriftzüge aus, die mit Embossingpulver bestreut und dann eingebrannt werden (Anleitung Seite 5).

Weitere Titel aus der Brunnen-Reihe

3-419-56168-7

3-419-56169-5

3-419-56175-X